BEI GRIN MACHT SICH IHR
WISSEN BEZAHLT

- Wir veröffentlichen Ihre Hausarbeit,
  Bachelor- und Masterarbeit

- Ihr eigenes eBook und Buch -
  weltweit in allen wichtigen Shops

- Verdienen Sie an jedem Verkauf

Jetzt bei www.GRIN.com hochladen
und kostenlos publizieren

Netzwerkorientierung zur Stärkung des professionellen Selbstbewusstseins von Video-Home-Training (VHT)

Felizitas Balzer

Bibliografische Information der Deutschen Nationalbibliothek:

Die Deutsche Nationalbibliothek verzeichnet diese Publikation in der Deutschen Nationalbibliografie; detaillierte bibliografische Daten sind im Internet über http://dnb.d-nb.de abrufbar.

ISBN: 9783346557827
Dieses Buch ist auch als E-Book erhältlich.

Titelbild: Freepik.com Covergestaltung: Claudia Mayerle

© GRIN Publishing GmbH
Nymphenburger Straße 86
80636 München

Druck und Bindung: Books on Demand GmbH, Norderstedt Germany
Gedruckt auf säurefreiem Papier aus verantwortungsvollen Quellen

Das vorliegende Werk wurde sorgfältig erarbeitet. Dennoch übernehmen Autoren und Verlag für die Richtigkeit von Angaben, Hinweisen, Links und Ratschlägen sowie eventuelle Druckfehler keine Haftung.

Das Buch bei GRIN: https://www.grin.com/document/1159242

Felizitas Balzer

Netzwerkorientierung zur Stärkung

des professionellen Selbstbewusstseins von VHT

Studienarbeit im Rahmen des Studiums Soziale Arbeit (Master of Arts)

im Modul „Theorien Sozialer Arbeit und Professionspolitik"

an der Evangelischen Hochschule Ludwigsburg

Felizitas Balzer

Stuttgart, 2021

Titelbild: Freepik.com

Covergestaltung: Claudia Mayerle

 SPIN-DGVB
Deutsche Gesellschaft für
Videobasierte Beratung e.V.

Diese Veröffentlichung wurde unterstützt durch
SPIN DGVB Deutsche Gesellschaft für Videobasierte Beratung e.V. (www.spindeutschland.de)

Abstract

Die vorliegende Arbeit widmet sich der Fragestellung, wie Netzwerkorientierung zur Stärkung des professionellen Selbstbewusstseins des VHT-Netzwerks und somit der VHT-Methode beitragen kann. Nachdem die Anwendbarkeit des Netzwerkbegriffes auf den VHT-Kontext geprüft wurde, soll hierzu der Versuch einer kleinen Netzwerkerkundung unternommen werden, die unter anderem nach Strukturen, Akteur*innen, Vernetzungsinstrumenten, Entwicklungsphasen, Erfolgen und Bedarfen frägt. Basis hierfür ist unter anderem eine Netzwerkkartenanalyse und die Befragung von VHT-Professionals auf Bundes- und Landesebene, welche neben Rückschlüssen auf die Forschungsfrage weitere Reflexionsmöglichkeiten und Impulse für die VHT-Vernetzung bieten können.

Inhaltsverzeichnis

Vorwort

Die soziale Netzwerkanalyse als Methode der empirischen Sozialforschung erfasst soziale Beziehungen und soziale Netzwerke aufgrund eines relationalen Ansatzes. Im Vordergrund stehen die Verbindungen und Austauschprozesse zwischen den Akteur*innen, nicht deren Charaktereigenschaften oder Persönlichkeitszuschreibungen. In der Organisationsberatung und -entwicklung wird sie zunehmend dort als Methode eingesetzt, wo es nicht um festgelegte Hierarchien, sondern um das Entwicklungspotential einer Organisation geht, welches durch die relativen Positionen der einzelnen Akteur*innen zueinander erhoben und optimiert werden kann.

Netzwerke lassen sich grafisch darstellen: Mit Hilfe von Netzwerkkarten werden funktionierende und dysfunktionale Strukturen schnell erfasst, aus ihnen können Lösungen abgeleitet werden. Dass es dafür mittlerweile mehrere Softwareprogramme gibt, macht sie attraktiv. Es liegt auf der Hand, dass sich eine Untersuchungsmethode, die auf der Dichte und Qualität der Beziehungen der Akteur*innen beruht, besonders gut für die Analyse einer Organisation eignet, deren Inhalt und Ziel es ist, in einem videobasierten Beratungssetting die Funktionalität und Qualität von Beziehungen (wieder-) herzustellen. SPIN-DGVB Deutsche Gesellschaft für Videobasierte Beratung e.V. vertritt als gemeinnütziger Verein in Deutschland die systemische Beratungsmethode VHT (Video-Home-Training) mit dem Ziel der Verbreitung, der Qualitätssicherung und der Weiterentwicklung des methodischen Ansatzes sowie des Bereitstellens eines Fort- und Weiterbildungsangebotes.

Felizitas Balzer, selbst VHT-Professional, hat in dieser Arbeit die Organisationsstruktur von SPIN-DGVB unter die „Netzwerk-Lupe" genommen. Da sie sowohl die Innen- als auch die Außenperspektive einnehmen konnte, ist sie zu Ergebnissen gekommen, die für SPIN-DGVB neue Perspektiven eröffnet. Ihre Arbeit kommt genau zum richtigen Zeitpunkt, denn im Verein ist eine Aufbruchstimmung auf der Suche nach Strukturen zu spüren, die dem stetig anwachsenden Potenzial und den angebahnten zukünftigen Aktivitäten einen optimalen Rahmen geben können. Mit ihren Zitaten aus den Interviews macht Felizitas Balzer auf anrührende Art und Weise deutlich, welch bindende Kraft eine Arbeitsmethode hat, die sich mit einem positiven Ansatz auf Ressourcen der Klient*innen konzentriert und die von allen Akteur*innen auch so gelebt wird. Deren hohe Identifikation mit der Methode und die damit verbundene Energie werden der Motor einer weiteren dynamischen Entwicklung sein. „Der Blick auf das Netzwerk und seiner Akteur*innen hinterlässt einen unterdessen ebenso wie die VHT-Methode an sich „beseelt" (S.18).

Es hat mir selbst viel Spaß gemacht, ihr die „Story" zu erzählen, der Rückblick auf das Vergangene machte mir bewusst, dass das Netzwerk „SPIN-DGVB" aus eigener Kraft immer wieder konstruktive Wendungen auf den Weg gebracht hat, auch wenn sich ihr Wert manchmal erst im Nachhinein herausstellte.

Vielen Dank für diese Arbeit, Felizitas!

Hannelore Gens

1 Einleitung

„Die Faszination an der Beratungs- und Unterstützungsarbeit mit Video teilen können und die eigene Begeisterung immer wieder befeuern" (BALZER 2021, 5)

– dies ist nur einer von vielen Aspekten, der die Vernetzung von VHT-Professionals auszeichnet. VHT ist eine videobasierte Beratungsmethode, deren Netzwerk es in Form eines Vereins nun seit 25 Jahren in Deutschland gibt. Im Kanon anderer Methoden und handlungsleitenden Konzepte der Sozialen Arbeit, nimmt die konsequent ressourcenorientierte, aktivierende Methode noch eine randständige Rolle ein. Dies erstaunt vor dem Hintergrund ihres hohen Maßes an Innovation, Vielfalt und Erfolg, nach der die Profession in ihren heutigen komplexen Anforderungen nicht zuletzt sucht. Hat die Methode etwa das Merkmal mit der gesamten Sozialen Arbeit gemein, „eine bescheidene Profession" (KNOLL 2010, 19) zu sein? Auf dem Weg zu mehr Präsenz im Fachdiskurs, als auch in verschiedenen Praxisfeldern, ist das professionelle Selbstbewusstsein zweifellos ein entscheidender Faktor. Jenes hängt nicht zuletzt von der Vernetzung ab, welche bestärkend auf die Mitglieder eines Netzwerks wirken kann. Die vorliegende Arbeit möchte in den sogenannten Hype (FISCHER; KOSELLEK 2019, 12) um das Thema der Netzwerkorientierung einsteigen und sie als Chance nutzen, das Thema des professionellen Selbstbewusstseins unter der Netzwerkbrille zu beleuchten. Weil jene zahlreiche Anregungen und Erkenntnisse für die VHT-Gemeinde bereithält, soll sie auch abseits der zentralen Forschungsfrage für weitere Blickwinkel im Sinne einer Netzwerkerkundung genutzt werden. Mit dem Ziel, einzelne Impulse zu setzen und Reflexionsmöglichkeiten anzubieten, macht sich der Text dabei die Beleuchtung von Teilausschnitten auf Bundes- und Landesebene zum Thema und erhebt keine Ansprüche auf ein umfassendes Abbild.

Methodisch geht die vorliegende Arbeit literaturbasiert vor und führt ergänzend dazu eine Netzwerkkartenanalyse sowie eine Online-Befragung mit VHT-Professionals durch. Nachdem im zweiten Kapitel Begrifflichkeiten und Grundlagen geklärt wurden sowie die Anwendbarkeit des Netzwerkbegriffs auf VHT, folgt im dritten Kapitel der Versuch einer Erkundung ‚in die Breite', die die strukturelle Beschaffenheit des Netzes betrachtet und mithilfe von Netzwerkkarten untersucht. Anschließend wird im vierten Kapitel der Blick ‚in die Tiefe' gerückt, die Entwicklungsphasen des Netzwerks werden eingeordnet sowie weitere inhaltlichen Aspekte induktiv erfasst. Die zentrale Fragestellung wird abschließend im fünften Kapitel aufgegriffen, sodass Schlussgedanken die Arbeit im sechsten Kapitel abrunden können.

2 Begriffsbestimmungen und Grundlagen

Um sich den benannten Aufträgen anzunähern, ist es zunächst notwendig, grundlegende Begriffe und Hintergründe zu definieren. Zu diesem Zweck werden zunächst die Methode vorgestellt und ihre Dachgesellschaft benannt, um anschließend in die Netzwerkthematik und -begrifflichkeiten einzusteigen. Dies ermöglicht nicht zuletzt ein Angehen der drängenden Frage, ob und weshalb die VHT-Gesellschaft überhaupt unter der Netzwerk-Brille betrachtet werden sollte.

2.1 Vorstellung der VHT-Methode und ihrer Dachgesellschaft

VHT, Video-Home-Training, ist eine konsequent ressourcenorientierte Videoberatungsmethode, die sich in den 1980er Jahren in den Niederlanden entwickelt und seit den 1990er Jahren auch in Deutschland etabliert hat (SPIN DGVB e.V. o.J., o.S.). In seiner klassischen Form begleitet VHT Familien und arbeitet dabei auf Grundlage der drei Elemente gelungene Kommunikation, „der starken Wirkung positiver Bilder und der ressourcenorientierten, aktivierenden Haltung" (SPIN DGVB e.V. o.J., o.S.). Für die praktische Durchführung bedeutet dies, dass VHT-Professionals Videobilder im Familienalltag aufnehmen, einen Zusammenschnitt erstellen, der die gelungenen Kontaktmomente betont, und anschließend eine lösungsorientierte, bestärkende Videorückschau mit Eltern gestalten.

Dabei steht die Methode auf vier Säulen, von denen das humanistische Menschenbild und der Ansatz des Empowerments eine erste bilden. VHT ist also davon überzeugt, dass das Gegenüber die erforderlichen Problemlösungen und Stärken in sich trägt und jene aktiviert und verstärkt werden können (PALA 2018, 5). Der sogenannte positive Ansatz stellt die zweite Säule des VHTs dar. Für die Methode gilt die feste Annahme, dass im Vergleich zu Problemanalysen, eine lösungsorientierte Herangehensweise sowie das „Verstärken von gelungenem Kommunikationsverhalten wirksamer für den Lernprozess" (PALA 2018, 5) der zu Beratenden sind. Deshalb werden auch nur positive Bilder gezeigt. Die Nutzung von Videobildern bildet die dritte Säule. Jene ermöglichen nicht nur, gelungenes Erziehungsverhalten für das Gegenüber sichtbar, objektiver und konkreter zu machen. Darüber hinaus stützen neurowissenschaftliche Erkenntnisse, dass „der Lernprozess [...] beschleunigt und qualitativ (positiv) beeinflusst wird, wenn mit Bildern positiven Erlebens gearbeitet wird" (GENS 2016, 57). Jene bewerkstelligen die „Ausschüttung motivierender Botenstoffe und intensivier[en] das Self-Modeling" (GENS 2016, 57), im Sinne des Lernens am eigenen Model. Standbilder, Sequenzen in Zeitlupe oder mit Hintergrundmusik: Dies sind Techniken in der Erstellung von Rückschauen, die weiterhin für emotionale Verankerung beitragen (GENS 2016, 57). Die Basiskommunikation stellt die vierte Säule dar, deren gelingende Elemente aufeinander aufbauen und die es im „Verhaltensrepertoire der Eltern [im Kontakt mit ihren Kindern] „zu festigen und weiterzuentwickeln" (RÄDER 1999, 79) gilt. Die fünf Kommunikationsbündel sind ‚Initiativen erkennen und verfolgen', ‚Empfang bestätigen', ‚Benennen', ‚Aufmerksamkeit verteilen' und ‚Positives Lenken und Leiten' (SCHEPERS; KÖNIG 2000, 36). Weiteres Fundament von VHT bilden die Bindungstheorie, der systemische Ansatz und weitere Theorien aus den vier Gebieten der Ethologie, Kommunikationswissenschaft, Pädagogik und Psychologie, die „die Praxis der Methode erklären und deren Effektivität belegen" (SCHEPERS; KÖNIG 2000, 55f.).

Die Einsatzbereiche des VHTs haben sich in den letzten Jahrzehnten unterdes stark erweitert und fortentwickelt (GOLTSCHE; RÖSSEL 2009,10). Es zeichnen sich beispielsweise weitere Einschläge ab: Video-Interaktions-Begleitung (VIB) spricht vor allem Professionelle beratend und unterstützend an (Halm 1999, 291). Video-School-Training (VST) richtet sich an Lehr- und Fachpersonen im Kontext Schule (KOCH 2009, 118). Video-Interaktions-Diagnostik (VID) analysiert Förderbedarfe und hat die Verbesserung von pädagogischen Settings für Kinder und Jugendliche zum Ziel (BRÜMMER; TER HORST 2009, 37). Weiterhin platziert sich VHT auch in Kindertagesstätten, in Einrichtungen der Behindertenhilfe, Altenhilfe, mit Führungskräften, Teams, als Kursangebot sowie pionierhaft in Bewerbungstrainings (SANNE 2009, 127), in Paarberatungen (FIUNG 2020, o.S.) sowie in einem Lese-Rechtschreib-Förderprogramm (GAIDA 2016, 33). VHT erstreckt sich mittlerweile über die Grenzen der Kinder- und Jugendhilfe hinaus und weist ein breites Repertoire auf, welches nicht in Gänze dargestellt werden kann. Denn was VHT als Methode ebenso ausmacht ist seine fortlaufende, innovative Weiterentwicklung und kreative Einbettung in verschiedenste Settings. Entgegen diesen Ausdifferenzierungstrends entscheidet sich die dazugehörige SPIN DGVB e.V., die Deutsche Gesellschaft für Videobasierte Beratung, die Überschrift ‚VHT' zu wählen. Auf diese Weise sind die vielfältigen Anwendungsbereiche inkludiert und gewürdigt, die außerhalb des Familienzuhauses, des ‚Homes' in Video-‚Home'-Training, durchgeführt werden. SPIN DGVB e.V. zählt heute über 1000 fertig ausgebildete VHT-Professionals und organisiert sich einem Bundesverband sowie in sechs Landesverbänden (SPIN DGVB o.J., o.S.). Als systemische Beratungsform ist sie seit 2018 anerkannt und zählt sich als Mitglied der DGSF e.V. (Deutsche Gesellschaft für Systemische Therapie, Beratung und Familientherapie). Vertiefende Infos zur Dachgesellschaft des VHTs wird es im Rahmen der kommenden Kapitel geben.

2.2 Netzwerk-Begrifflichkeiten und ihre Anwendbarkeit auf VHT

Vor dem Hintergrund der Einschätzung, dass die heutige Gesellschaft bereits als Netzwerkgesellschaft deklariert wird (FISCHER; KOSELLEK 2019, 17), erstaunt es nicht, dass der Netzwerkblick in den Sozialwissenschaften zur bedeutenden Perspektive geworden ist und als neues Paradigma in jenen gehandelt wird (SCHÖNIG; MOTZKE 2016, 15f.). Kosellek und Fischer warnen bereits davor, dass der Enthusiasmus, den die Netzwerkorientierung aktuell erfährt, dazu führt, dass jegliche Formen der Zusammenarbeit unter dem Begriff Netzwerkarbeit vermischt werden. Die mittlerweile zahlreichen Netzwerkbegrifflichkeiten drohen zu unübersichtlich zu werden und den Netzwerkbegriff auszuhöhlen (FISCHER; KO-SELLEK 2019, 11,17). Die vorliegende Arbeit, welche genau genommen eine Dachgesellschaft in Vereinsform untersucht, läuft in besonderer Weise Gefahr, zur „derzeitige[n] Inflation der Netzwerkrhetorik" (SCHÖNIG; MOTZKE 2016, 18) beizutragen. Dem soll vorgebeugt werden, indem nun auf wesentliche Netzwerkbegriffe definierend eingegangen wird. Schönig und Motzke liefern als Grundstein folgende Definition, die sich laut ihnen für den Kontext der Sozialen Arbeit eignet.

> „Ein Netzwerk ist eine Struktur von Verbindungen unabhängiger Akteur[*innen], die gemeinsam ein Thema bearbeiten und dazu ihre Ressourcen einsetzen. Das Netzwerk ist operativ offen und weitgehend ohne Hierarchien, darüber hinaus ist es ein nicht von vornherein befristeter Zusammenschluss mehrerer Akteur[*innen]"
> (SCHÖNIG; MOTZKE 2016, 19)

Gängig ist hier nach wie vor das Bild eines Fischernetzes, wobei die Verbindungsschnüre die Beziehungen darstellen und Personen und Institutionen die Knoten bilden. Der Begriff Vernetzung beschreibt unterdessen die Verbindung der Knoten miteinander. (SCHÖNIG; MOTZKE 2016, 18) Der Begriff der Netzwerkorientierung ist laut Fischer und Kosellek in dreifacher Hinsicht zu verstehen: Erstens im Sinne des Netzwerkansatzes, den Stimmer im Übrigen als handlungsleitendes Konzept in der Sozialen Arbeit einordnet (STIMMER 2012, 173). Zweitens im Sinne von Netzwerken, als „etablierte Form methodischen Handelns [und drittens im Sinne des] Netzwerk[s] als neue institutionelle und professionelle Handlungsebene Sozialer Arbeit." (FISCHER; KOSELLEK 2019, 17).

Unschärfe besteht weiterhin in der Begrifflichkeit der Netzwerkforschung oder Netzwerkanalyse (MAY 2019, 51), wobei Schönig und Motzke folgende Aussage treffen: „Kern der empirischen Netzwerkanalyse ist die Ermittlung von Beziehungen zwischen zwei Akteur[*innen,] also ihrer Relation" (SCHÖNIG; MOTZKE 2016, 62). Mit diesem Schwerpunkt nimmt sie in der Sozialforschung noch eine randständige Rolle ein im Vergleich zu konventionellen Surveys (SCHÖNIG;

MOTZKE 2016, 62). Weitere Merkmale werden im Zuge des Kapitels 3.2 erläutert.

Als Netzwerktypen, ein weiterer Netzwerkbegriff, lassen sich laut Stimmer drei Varianten unterscheiden. „Primäre, mikrosoziale oder persönliche Netzwerke" (STIMMER 2012, 178), zu denen beispielsweise Familie und Freundeskreis zählen. Sekundäre beziehungsweise makrosoziale Netzwerke beschreiben institutionelle Netzwerke, wie Betriebe, Unternehmen und öffentliche Institutionen wie Soziale Dienste. Den tertiären oder mesosozialen Netzwerken ordnet Stimmer jene zu, die gewissermaßen zwischen den beiden anderen Netzwerktypen verbindend wirken, wie beispielsweise Selbsthilfegruppen oder Bürgerinitiativen. (STIMMER 2012, 178) Während Stimmer sich schwerpunktmäßig darauf beschränkt, Beispiele zu nennen, beschreiben Schönig und Motzke Kriterien zur Einordnung. Primäre Netzwerke zeichnen sich laut der Autor*innen vor allem durch ihr natürliches, nicht-organisiertes und informelles Wesen aus. Sekundäre Netzwerke sind zwar weiterhin natürlich verknüpft, „weisen jedoch eher schwache Bindungen und eine größere Beziehungsflexibilität auf [...]" (SCHÖNIG; MOTZKE 2016, 36). Basis sekundärer Netze sei eine Art Mitgliedschaft in jenen „stärker organisierten, aber nichtprofessionellen Netzwerken [z.B. in Vereinen]" (SCHÖNIG; MOTZKE 2016, 36). Die tertiären beziehungsweise künstlichen Netzwerke führen Schönig und Motzke orientiert an verschiedenen Autor*innen aus und stellen im Hinblick auf die Typisierungsversuche auf dieser Ebene fest, „dass es nicht die eine allgemeinverbindliche Unterscheidung von Netzwerktypen [gibt]" (SCHÖNIG; MOTZKE 2016, 41). Zur Vereinfachung wird die benannte Ebene deshalb nur zur Einordnung im weiteren Verlauf thematisch geöffnet.

Nachdem nun wesentliche Begrifflichkeiten definiert wurden, soll nun ihre Anwendbarkeit auf den VHT-Kontext geprüft werden. Kann die VHT-Gesellschaft, SPIN DGVB e.V., als Netzwerk eingeordnet werden? Anhand Schönig und Motzkes Definition können die Kriterien hierfür abgeglichen werden. Die VHT-Gemeinde besteht zunächst aus einer Vielzahl von Beziehungen zwischen Akteur*innen in Form von Institutionen und Einzelpersonen und sind dabei prinzipiell unabhängig voneinander. Darüber hinaus fokussieren sie ein gemeinsames Thema, VHT, und setzen hierfür und „zur gegenseitigen Beeinflussung und Unterstützung" (SCHÖNIG; MOTZKE 2016, 20) Ressourcen ein. Dabei ist ihre Zusammenarbeit nicht zeitlich befristet. Die operative Offenheit ist insofern gegeben, als dass auch über die Grenzen des Vereins Kontakte geknüpft werden. Hierarchien sind in der demokratischen Vereinsstruktur ebenfalls nicht vorgesehen, wohl aber Ämter, Mechanismen und Abläufe. Schönig und Motzke benennen angelehnt an Bauer allerdings, dass die Formalisierung von Netzwerken als Kontinuum zu verstehen sei, von wenig formalisierten Netzen „bis hin zu stark formalisierten und dauerhaft institutionalisierten Netzwerken" (SCHÖNIG;

MOTZKE 2016, 39). Vor diesem Hintergrund könnte VHT als stärker formalisiertes Netzwerk eingeordnet werden. Was zur nächsten Perspektive führt, nämlich zu welchem Typus das VHT-Netzwerk zugeordnet werden könnte. Obwohl das Vereinswesen als sekundäres Netzwerk deklariert wird, schließt die Bedingung der Nicht-Professionalität die Zuordnung des VHT-Netzes zu diesem Typ aus. Es müsste sich um ein tertiäres Netzwerk handeln, auch vor dem Hintergrund seiner Professionalität, hohen Formalität und seiner Zugehörigkeit zur Sozialen Arbeit als typischer Sektor tertiärer Netze (SCHÖNIG; MOTZKE 2016, 37). Das Auflegen verschiedener tertiärer Netzwerkformen nach Schönig und Motzke ordnet die Form von SPIN DGVB e.V. allerdings nicht eindeutig ein. Diese Unklarheit verweist womöglich auf den Umstand, dass die VHT-Gemeinde im Kontext des Fachdiskurses ein Verband, eine Dachgesellschaft sowie ein Verein bleibt. Vor dem Hintergrund, dass die wesentlichen Netzwerkmerkmale zutreffen, erteilt sich die vorliegende Arbeit aber die Erlaubnis, mit der Netzwerkbrille auf das VHT-Netz zu blicken. Kräftigstes Argument dafür, die Netzwerkperspektive einzunehmen, ist im Übrigen die Nutzung ihrer dazugehörigen Netzwerkforschung und deren Instrumente, welche vor allem die Beziehungen der Akteur*innen in den Blick nimmt. Und wie bereits benannt, bergen das Netzwerkvokabular, das Netzwerkwissen sowie seine Grundgedanken, Potenziale für das VHT-Netzwerk.

3 Versuch einer strukturellen Netzwerkerkundung

Nach dieser ersten Einordnung und Berechtigung, kann nun die strukturelle Erkundung des VHT-Netzwerks angegangen werden. Diese Netzwerkerkundung ‚in die Breite' betrachtet verschiedene Ebenen und Vernetzungsinstrumente, nimmt die Akteur*innen und deren Funktionen in den Blick. Methodisch wird hier auf eine Technik der Netzwerkforschung zurückgegriffen; es werden Netzwerkkarten beschrieben und interpretiert.

3.1 Untersuchung verschiedener Strukturen

Beim Blick auf die Struktur des VHT-Netzwerks geruht seine äußere Form als Verein der Analyse zum Vorteil. Die Satzung sowie das Organigramm offenbaren gerade zu diesem formalisierten Wesenszug des Netzwerks zentrale Informationen. SPIN DGVB e.V. hat ihren Sitz in Düsseldorf und ist Bundesverband der ihr angegliederten Regionalverbände (SPIN DGVB e.V. 2020, 1). Als Zielsetzung wird die „Unterstützung entwicklungsfördernder und konfliktlösender Kommunikation [...]" (SPIN DGVB e.V. 2020, 1) durch die Verbreitung und Förderung der VHT-Methode benannt. Hierzu nimmt sich der Zusammenschluss unter anderem die Aufgaben vor, die Qualität der videobasierten Beratungsmethode sowie deren Weiterentwicklung zu sichern, Qualitätsstandards für VHT-Professionals und

Ausbilder*innen beziehungsweise Lehrsupervisor*innen zu setzen. Die Zertifizierung fällt in ihr Aufgabenfeld, sowie die Verbreitung der Methode mithilfe verschiedener Instrumente sowie das Netzwerken „mit Fachhochschulen und Universitäten […] nationalen und internationalen Verbänden, Vereinen und Einrichtungen, die sich ebenfalls der […] videobasierten Beratung verpflichte[n]" (SPIN DGVB e.V 2020, 1). Mitglieder des Vereins können natürliche sowie juristische Personen werden, sowie die Regionalverbände. Jene können „entsprechend der Anzahl und Grenzen der Bundesländer gegründet werden [und sind] eigenen Vereinssatzungen verpflichtet". (SPIN DGVB e.V. 2020, 1) Als Organe im Netz benennt SPIN DGVB e.V. einerseits den fünfköpfigen Vorstand mit erster*m Vorsitzender*m, zweiter*m Vorsitzender*m, Schriftführer*in, Kassenführer*in sowie einer*m Fachentwicklung-Zuständigen*m (SPIN DGVB e.V. 2020, 2). Andererseits das Organ der Mitgliederversammlung, welche sich überwiegend aus Delegierten der Landesverbände zusammensetzt und verschiedene Wahl-, Entlastungs- sowie Beschlussaufgaben und -kompetenzen innehat (SPIN DGVB e.V. 2020, 2f.). Das Organigramm, welches im Anhang beigefügt ist, offenbart weitere Akteur*innen im Netzwerk. Neben den bereits erwähnten Organen gibt es noch die Zertifizierungskommission, die Ausbildungskommission, den Fachbeirat, die Masterclass-Konferenz sowie den Ausbildungs-Qualitätszirkel. Masterclass-Ausbilder*innen, also jene, die die Lehrsupervisor*innen ausbilden, gibt es inzwischen sechs, Lehrsupervisor*innen gibt es momentan 27 (SPIN DGVB e.V. 2021, 2). Eine Geschäftsstelle ist in Bayern eingerichtet sowie eine Referent*in für Öffentlichkeitsarbeit bestellt.

Es scheint bei der Übersetzung dieser Vereinssprache in Netzwerkvokabular zunächst eindeutig, dass verschiedene Mitglieder des Vereins in Form von Personen und Einrichtungen, die Knotenpunkte im Netzwerk bilden, die durch Beziehungen verbunden sind. Albrecht ergänzt, dass es sich bei Knoten oftmals auch um Kollektivakteur*innen handeln kann (ALBRECHT 2010, 127), was für diesen formalisierten Zug des VHT-Netzes mit seinen zahlreichen Gremien ein wichtiges Charakteristikum zu sein scheint. Gleichzeitig erscheint die Abgrenzung zwischen Kollektivknoten und ‚Vernetzungsinstrument' schwieriger. Dass Kollektivknoten auch als Plattform und Vernetzungsinstrument verstanden wird, hierauf weist zum Beispiel auch die Befragung baden-württembergischer VHT-Professionals. Sie stufen ihr ‚SPIN-Forum', ein vier Mal im Jahr stattfindendes Treffen, als Vernetzungsinstrument ein (BALZER 2021, 2). Die Befragten schätzen derweil auch gemeinsame Fortbildungen und Seminare, Supervisions- und Intervisionsgruppen, Fortbildungsinstitute, die jährliche Bundesfachtagung sowie Email, SPIN-Newsletter und die SPIN-Homepage als Vernetzungsinstrumente ein (BALZER 2021, 2). Während unter anderem Emailverkehr eindeutig nicht in die Kategorie Knotenpunkte fällt, ist die oben beschriebene Differenzierung in vielen Fällen nicht eindeutig zu klären.

Über die Betrachtung der Knotenpunkte hinaus, ist der „Beziehungsinhalt [...] ein essentieller Bestandteil einer jeden Netzwerkanalyse" (HAAS; MALANG 2010, 91). Hierbei geben Haas und Malang eine hilfreiche Einordnung von Beziehungen zwischen Knoten vor, von denen drei Kategorien die Beziehungsformen in SPIN DGVB e.V. beschreiben könnten. Welche gerade in den obigen Ausführungen in den Blick gerückt wurden, sind als formale Rollenbeziehungen zu bezeichnen (HAAS; MALANG 2010, 92). Wie sich die zu besetzenden Ämter und Organe im Verein miteinander verbinden müssen, ist zu bestimmten Anteilen vorgegeben; Aufträge und Aufgaben der Beziehung sind geklärt. Als „Transfer von nicht-materiellen Ressourcen" (HAAS; MALANG 2010, 92) als weitere Beziehungsform des Netzwerks, wird „das Senden und Empfangen von Informationen, Ratschlägen, Anweisungen und Neuigkeiten definiert" (HAAS; MALANG 2010, 92). Dieser Aspekt der Netzwerkbeziehung scheint in SPIN DGVB e.V., als Verband einer Fachmethode der zentrale zu sein. Dies bestätigt nicht zuletzt die Befragung der baden-württembergischen VHT-Professionals, welche genau jene Begrifflichkeiten als Nutzen von Vernetzung benennen: „Austausch", „Infos", „Neues" (BALZER 2021, 1,3). Als dritte Beziehungsform gelten „Interaktionen bzw. Affiliationen [, welche] eine körperliche oder ideelle Präsenz zweier Akteur[*innen] am selben Ort zur selben Zeit" (HAAS; MALANG 201, 92) voraussetzen. Hierzu lassen sich zum Beispiel das Zusammenkommen auf der jährlichen SPIN-Bundesfachtagung zählen, auf dem VHT-Professionals physisch anwesend sind, sich begegnen, auf informelle Weise in Kontakt und Interaktion kommen. Daran anknüpfend und vorbereitend auf das folgende Kapitel sei hier auch auf die Einteilung von Verbindungen in starke und schwache Beziehungen verwiesen, die die Netzwerkforschung benennt. Avenarius bezieht sich auf Granovetter, wenn sie erklärt, dass starke Beziehungen vor allem zwischen Knoten entstehen, die viel Zeit miteinander verbringen, wobei der „Grad der Intensität [und] Intimität" (AVENARIUS 2010, 100) mit hineinspielt. Sie zeichnen sich durch Reziprozität aus, „motivieren zudem Netzwerkmitglieder zu internem Zusammenhalt, [sind] oft als ein Indikator starker interner sozialer Kontrolle aufgefasst, die sowohl das Wohlbefinden der Gruppe fördert, aber auch das Veränderungspotenzial einschränkt" (AVENARIUS 2010, 106). Wenn starke Beziehungen mit dem Begriff Freundschaft verbildlicht würden, wären schwache Beziehungen Bekanntschaften. Jene zeichnen sich durch größere Übertragbarkeit sowie Unabhängigkeit aus und schaffen es, Netzwerkuntergruppen und Informationen aus ihnen zu erreichen. (AVENARIUS 2010, 100ff.) Schwache Beziehungen sind nicht zuletzt zur Überbrückung struktureller Löcher geeignet, die entstehen, wenn Untergruppen oder Cluster im Netzwerk nicht oder eben nur durch vereinzelte Brücken miteinander verbunden sind (SCHEIDEGGER 2010, 145f.). Wie sich die Beziehungen im VHT-Netzwerk im Sinne von schwach und stark gestalten, hierüber könnte unter anderem die folgende vertiefende Analyse eines Teilausschnitts Aufschluss geben.

3.2 Netzwerkkartenanalyse

Die vorangegangenen Ausführungen deuten bereits an, wie differenziert und viel-schichtig die heutige Netzwerkforschung samt ihres Vokabulars ist. Ebenso viel-seitig können Netzwerke dargestellt werden. Insgesamt gilt, dass das Bild auf Netzwerke immer „durch individuelle Bewertungen verzerrt [ist]" (SCHÖNIG; MOTZKE 2016, 62). Weiterhin kommt Forschenden zu, die einzelnen Bilder zu einem Gesamtnetzwerk zusammenzufügen (SCHÖNIG; MOTZKE 2016, 62), ein Teil der Forschung, der in der vorliegenden Arbeit ausbleiben muss. Unter den zahlreichen Analyseinstrumenten ist vorliegend eine vereinfachte Form des ego-zentrischen Netzwerks gewählt worden. Acht baden-württembergische VHT-Pro-fessionals füllten auf freiwilliger Basis die Netzwerkkarte aus, die im Anhang in Augenschein zu nehmen ist. Es handelt sich also um eine landesspezifische Fär-bung der Ergebnisse und um den Blick auf einen Teilbereich, ein Cluster, der SPIN-Gesellschaft. Angelehnt an Schönig und Motzke (SCHÖNIG; MOTZKE 2016, 81) wurde die Karte in die beiden Sektoren „innerhalb" sowie „außerhalb meiner Einrichtung" eingeteilt und drei konzentrische Kreise benannt. Auch wenn das Untersuchen von Details aller Netzwerkkarten und ihren Zusammenhängen ertragreich wäre, können im Folgenden nur zwei exemplarische Karten gezeigt und zentrale Ergebnisse beleuchtet werden.

Zunächst lässt sich übergreifend auf Grundlage vorheriger Ausführungen dekla-rieren, dass die konzentrischen Kreise als das Kontinuum von starken Beziehun-gen (innerer Kreis) bis zu schwachen Beziehungen (Bekanntschaftskreis) ver-standen werden können. Abbildung 1 zeigt die Netzwerkkarte einer*s Lehrsuper-visor*in, während Abbildung 2 das eines VHT-Professionals zeigt. Eine erste Er-kenntnis, auch die weiteren sechs Netzwerkkarten im Anhang betreffend, ist, dass Lehrsupervisor*innen in der Anzahl ihrer Kontakte und der Dichte ihrer Ver-netzung herausragen. Während die Karten von VHT-Professionals drei bis drei-zehn weitere Professionals und zwei bis vier Institutionen zählen, tragen die Su-pervisor*innen 31 bis 36 Knoten ein. Gilt, dass je intensiver ein VHT-Professional VHT betreibt, desto dichter und größer ist sein Netzwerk?

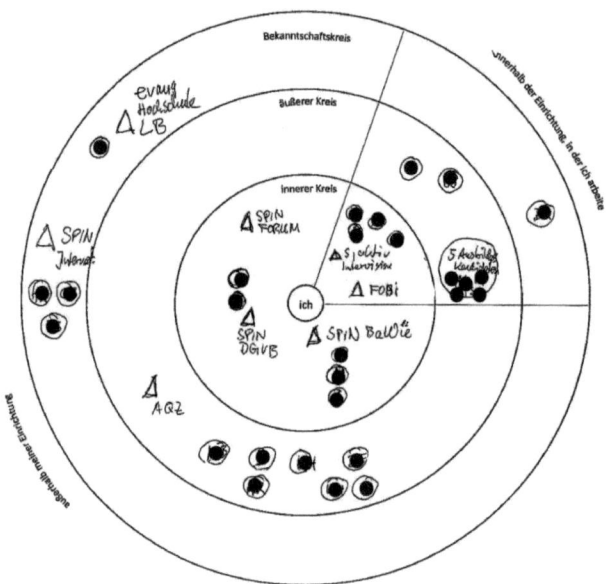

Abbildung 1: Netzwerkkarte Lehrsupervisor*in, 2021.

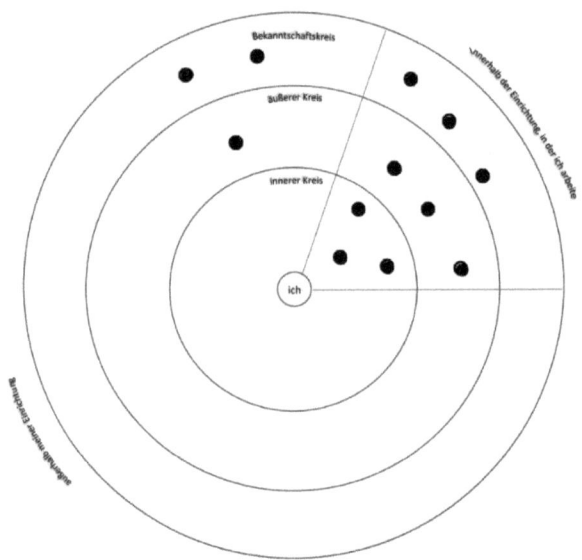

Abbildung 2: Netzwerkkarte VHT-Professional, 2021.

Darüber hinaus, als eine zweite ähnliche Erkenntnis, scheint es Knotenpunkte zu geben, die beinahe alle Karten benennen, was aufgrund der Anonymisierung an dieser Stelle nicht nach außen nachvollziehbar ist. Würden die Daten miteinander in Verbindung gebracht und ein Gesamtnetzwerk erstellt, würde dies bedeuten, dass an diesem Knotenpunkt, dieser Schlüsselfigur und -institution, viele Beziehungslinien zusammenfließen würden. Unter den VHT-Professionals ist ebenso ein Kontinuum zu erkennen, was Vernetzung innerhalb und außerhalb der eigenen Einrichtung anbelangt. Ein Pol besteht aus Professionals, die ausschließlich in ihrer Einrichtung zum VHT vernetzt sind, und der andere Pol aus jenen, die an ihrer Arbeitsstelle auf keinen VHT-Kontakt zugreifen. Sechs der acht Professionals verteilen sich zwischen diesen Polen, sind also sowohl innerhalb als auch außerhalb vernetzt. Gilt, dass je besser die Vernetzung in der eigenen Einrichtung sich gestaltet, desto weniger ist die Vernetzung nach außen? Auf dem Kontinuum zwischen starken und schwachen Beziehungen, ähneln sich die Karten überwiegend und sind regelmäßig über die drei Stufen verteilt. Sie scheinen also sowohl starke Beziehungen zu pflegen, als auch VHT-Bekannte im Netz zu haben und können wohl auf die Ressourcen beider Verbindungsformen zugreifen.

Viele Faktoren, die in die Vernetzung einzelner Knoten hineinspielt, können von diesen egozentrischen Netzwerkkarten nicht erfasst werden. Besonders Daten von VHT-Professionals, die ausschließlich schwache Beziehungen pflegen oder gar keine, würden die Zusammenhänge vervollständigen. Für die VHT-Community besonders gewinnbringend, wäre eine bundesweite, geografische Darstellung, welche Ballungszentren und strukturelle Löcher offenbaren würde. Diese Idee und viele weitere ergeben sich hier und regen für weitere Analyseschwerpunkte an. Die vorliegende Analyse kann nur impulsförmig erste Annahmen über Zusammenhänge formulieren, sie öffnet die Thematik und regt zur Reflexion an.

4 Versuch einer inhaltlichen Netzwerkerkundung

Nachdem im vergangenen Kapitel ‚in die Breite' untersucht wurde, soll sich dieses Kapitel an einem Blick ‚in die Tiefe' versuchen und eine inhaltliche Netzwerkerkundung vornehmen. Es widmet sich der Historie der VHT-Gesellschaft und erkundet verschiedene Entwicklungsphasen unter der Netzwerkschablone, dabei nimmt es Erfolge und Nutzen des Netzwerks wahr, als auch Bedarfe und Entwicklungswünsche.

4.1 Erkundung der ‚Story'

Vor dem Hintergrund der Offenheit von Netzwerken, betonen Schönig und Motzke, dass es Verbindendes unter Vernetzten geben muss, wofür sich in besonderem Maß die „identitätsbildende[.] Story" (SCHÖNIG; MOTZKE 2016, 111) eines Netzwerks eignet. Es lohnt sich also, einen vertiefenden Blick auf historische Zusammenhänge und Entwicklungsphasen von Netzen zu werfen und so soll auch die SPIN DGVB e.V. in ihrer Chronik beleuchtet werden. „Netzwerke sind Dramen" (SCHÖNIG; MOTZKE 2016, 111) benennen Schönig und Motzke weiterhin und stellen ganz im Zeichen eines solchen Dramas fünf Akte zusammen, angelehnt an die fünf Gruppenphasen Orientierung, Konflikt, Konsolidierung, Durchführung sowie Auflösung.

Die Phase der Orientierung beschreiben Schönig und Motzke als besonders identitätsbildend, handelt es sich hier um die Entstehungsgeschichte des Netzwerks (SCHÖNIG; MOTZKE 2016, 112). Es entsteht gewissermaßen ein Gründungsmythos: Welche Initiator*innen waren beteiligt, welches Ziel verfolgten sie und gab es etwa konkurrierende Gründungen? (SCHÖNIG; MOTZKE 2016, 112). Um die VHT-Vernetzung in Deutschland zu verstehen, muss zunächst mit dem Ursprung in den Niederlanden in den späten Siebzigerjahren begonnen werden. Die nahe der südniederländischen Stadt Weert liegende stationäre Jugendhilfeeinrichtung ‚De Widdonck' entwickelte die videobasierte Methode, es entstand eine Tageseinrichtung unter der Leitung von Maria Aarts und Harrie Biemans. Die Stiftung ‚Orion' wurde gegründet. Das niederländische Wohlfahrtsministerium rief 1987 die Stiftung SPIN (Stichting Promotie Intensieve Thuisbehandeling Nederland) landesweit ins Leben, subventionierte sie mit dem Ziel, die zu diesem Zweck in ‚video-hometraining' umbenannte Methode, flächendeckend in Einrichtungen zu implementieren. Während Harrie Biemans bei SPIN leitend eingesetzt wurde, gründete Maria Aarts derweil Marte Meo und verbreitete jene international. In der deutschen Entwicklung und Verbreitung von VHT lassen sich die ‚Düsseldorfer Linie' sowie die ‚Bad Bentheimer Linie' rückblickend erkennen. Letztere nahm ihren Anfang dadurch, dass Mitarbeitende der Jugendhilfeeinrichtung ‚Eylarduswerk' eine Fortbildung an der Fachhochschule in Enschede in den Niederlanden bei Jan Tabak, einem SPIN-Ausbilder, besuchten. Jener bildete bis ins Jahr 1995 die ersten Mitarbeitenden der Einrichtung, darunter Marita Brümmer, zu VHT-Professionals aus. 1996 wurde zwischen der großen Einrichtung Eylarduswerk und SPIN Niederlande eine Kooperation vereinbart sowie 1997 SPIN Niedersachsen gegründet. (GENS 2017, 2) Ähnlich verlief die Düsseldorfer Linie. Hier kann auf Basis eines Gesprächs mit einer der Gründer*innen und gleichzeitig Öffentlichkeitsreferentin Hannelore Gens über die Chronologie hinaus auch auf persönliche Erinnerungen und Eindrücke zurückgegriffen werden. Gerade diese persönlichen ‚Färbungen' der Geschichte machen sie lebendig und für ein

Netzwerk identitätsstiftend, so die an Schönig und Motzke angelehnte Annahme der vorliegenden Arbeit. Gens erzählt, 1989 mit ihrem damaligen Kollegen Udo Heimbürger, auf eine niederländische Fortbildungsausschreibung gestoßen zu sein. Trotz des Ausfalls des beschriebenen Seminars, ‚spürte' jener den Referenten Ton Stroucken in den Niederlanden ‚auf' und wurde von der niederländisch sprechenden und übersetzenden Gens zu einem gemeinsamen Termin begleitet, wo Stroucken ihnen VHT vorstellte. (GENS 2021) „Und das hat bei mir so gezündet, dass es immer noch brennt" (GENS 2021), formuliert Gens, welche sich noch genau an die vorgestellten Videos erinnert und daran, dass ihr ein Licht aufgegangen sei. Stroucken erklärte sich bereit, eine erste Gruppe von fünf Fachkräften zwischen 1991 und 1993 in Düsseldorf auszubilden, es wurde ein deutscher Stützpunkt von SPIN Niederlande und ein Koordinationsbüro gegründet mithilfe von beratender und finanzieller Unterstützung der niederländischen Organisation. Bis 1996 verfolgten aus diesem heraus die VHT-Professionals das Ziel, die Methode in Deutschland zu präsentieren, Ausbildungsprojekte zu initiieren und Ausbildungskandidat*innen zu akquirieren. Da ein deutscher Verband gegründet werden musste, damit das brandenburgische Sozialministerium ein Ausbildungsprojekt fördern konnte, war für Heiner Roth und Hannelore Gens klar „Wir müssen SPIN Deutschland gründen" (GENS 2021). 1996 wurde SPIN Nordrhein-Westfahlen e.V. gegründet, 1997 SPIN Niedersachsen e.V. und gemeinsam noch im selben Jahr der Bundesverband SPIN-Deutschland e.V. Zum Thema identitätsstiftende Erinnerungen eignet sich auch folgendes, humorvolles Erinnerungsbild von Gens:

> „Ich bin ja ziemlich groß, und Ton Stroucken ist ein eher kleiner Mann, der mir damals zu den Schultern reichte. Und ich weiß noch, […] ich hatte die ganze Kameraausrüstung, und die war damals ja auch echt groß, und Ton Stroucken hatte den Fernseher vor dem Bauch. Und so sind wir dann losgezogen durch die Lande und […] haben die alle abgeklappert" (GENS 2021).

Schönig und Motzke beschreiben den nächsten Abschnitt innerhalb Netzwerkentwicklungen als Phase des Konflikts (SCHÖNIG; MOTZKE 2016, 112). Wie gestaltete sich diese wichtige Entwicklungsphase in der damaligen VHT-Gemeinde? Nach der Gründung von SPIN Deutschland e.V. wurden 1999 die ersten deutschen Ausbilder*innen von Harrie Biemans, Ton Stroucken und Jan Tabak zertifiziert und 2001 nabelte sich SPIN Deutschland durch die Ernennung von Masterclass-Ausbilder*innen in Person von Marita Brümmer und Hannelore Gens endgültig von der niederländischen Stiftung ab. Über die beiden zuvor benannten Entwicklungslinien, benennt Gens, dass zunächst Konkurrenz zwischen den beiden Bewegungen entstand. „Wir [die Düsseldorfer] hatten das […] Selbstbild ‚Wir sind die deutschen SPIN-Leute'. Und dann gab's da plötzlich noch welche" (GENS 2021). Zusammenzukommen, zusammenzuarbeiten und die verschiedenen Initiativen unter einer Dachgesellschaft zusammenzubringen – dies schätzt Gens als große Leistung und Erfolg ein. Dies habe SPIN e.V. gerettet und trage auch heute noch. Reibung im Sinne der von Schönig und Motzke beschriebenen Konfliktphase, habe es entlang der beiden Linien dann in der fachlich-inhaltlichen Debatte gegeben. Die teilweise unterschiedlichen Standpunkte rührten nicht zuletzt von den zwei verschiedenen, niederländischen Ausbildern, deren Ausbildungsinhalte sich teilweise unterschieden. Teil der mitunter emotionalen Diskussion sei beispielsweise die Frage, ob Videomaterial geschnitten werden soll oder nicht, oder ob das Video-Kontakt-Schema oder die Basiskommunikationsprinzipien genutzt werden sollten. Mit den Jahren habe sich die Herangehensweise in beiden Punkten weitgehend nivelliert, sodass weitere Diskussionen sich erübrigten. (GENS 2021)

Schönig und Motzkes beschriebene dritte Entwicklungsphase ist die der Konsolidierung, welche vergleichsweise weniger identitätsstiftend, ruhiger und konfliktfreier ausfällt (SCHÖNIG; MOTZKE 2016, 112). In der Historie des SPIN-Netzwerks ist auch diese Phase nicht klar abzutrennen, dennoch lassen sich Elemente in der Geschichte diesem Abschnitt zuordnen. Nach der Orientierungsphase, dem „Boom" der Methode, schien der Markt zunächst gesättigt. SPIN e.V. kam die Aufgabe zu, sich am Leben zu halten. „Wir haben die Zeichen der Zeit nicht gesehen [...] und haben uns viel mit uns selbst beschäftigt" (GENS 2021). Abläufe, Strukturen und Ausbildungsordnung wurden verfeinert sowie inhaltlich an VHT gearbeitet, sodass als Ergebnis eine ausgefeilte Methodik stand. Die Zeit war nicht zuletzt auch vor dem Hintergrund wertvoll, als dass Konkurrenz- und Konfliktthemen der vorherig beschriebenen Phase gut geklärt werden konnten und sich das System stabilisierte. In dieser etwa neunjährigen „Dornröschenphase", geriet die Orientierung am Weiterbildungsmarkt, welcher zunehmend niederschwelligere, kürzere und günstigere Angebote forderte, aus dem Blick. (GENS 2021)

Die Phase des „Aufwachens", um etwa 2014, könnte Schönig und Motzkes viertem Abschnitt der Durchführung zugeordnet werden. Jene ist typischerweise geprägt von Erfolgserlebnissen, die die Identität des Netzes besonders prägen sowie große Leistungen, die von verschiedenen Mitgliedern beigetragen werden. (SCHÖNIG; MOTZKE 2016, 112) Hier wurde eine Unternehmensberatung engagiert, um bestehende Strukturen des Netzwerks auf ihre Funktionalität zu prüfen und der Frage nachzugehen, ob SPIN Ausbildungsinstitut werden sollte. Es fiel die Entscheidung, dass zu SPIN weiterhin gemeinnütziger Verein bleiben soll. Eine Marketingagentur unterstützte bei der Erneuerung des Angebots und dessen Titel. Video-Home-Training hieß fortan VHT und SPIN Deutschland e.V. änderte seinen Namen in SPIN-DGVB Deutsche Gesellschaft für Videobasierte

Beratung e.V. Neue Ausbildungsrichtlinien traten 2016 in Kraft und es gab von nun an „abgestufte Qualifikationsmöglichkeiten – marktgerecht und flexibel" (GENS 2017, 6). Es wurde eine Geschäftsführerin bestellt, ein neues Erscheinungsbild sowie neue Präsentationsmedien beschlossen und die Akquise verstärkt und ausgeweitet. Weitere Meilensteine stellen die Mitgliedschaft in der DGSF e.V. dar, die Akkreditierung von VHT als Kontaktstudium an der Hochschule Ludwigsburg (GENS 2017, 6) sowie die Kooperation mit dem Evangelischen Erziehungsverband EREV (SPIN DGVB e.V 2021, 2). Der Eindruck entsteht, dass sich seit 2015 viel bewegt, SPIN DGVB e.V. scheint „durchzustarten" und in eine neue Episode zu überführen.

Werden ein neuer Zyklus, ein zweiter „Boom" sowie dessen nachfolgenden Abschnitte, eingeläutet? Steuert das Netzwerk womöglich in einen nie dagewesenen Abschnitt? Schönig und Motzke beschreiben diese Entwicklungsphase als Auflösung und beschreiben diese Zeit als eine, in der typischerweise die Initiator*innen sowie Schlüsselpersonen das Netzwerk verlassen (SCHÖNIG; MOTZKE 2016, 112). Für SPIN DGVB e.V. trifft dies in der Form zu, als dass die sogenannten ‚Urgesteine', gewissermaßen die Generation der „Boomer" des VHTs, sich zunehmend altersbedingt zurückziehen werden. Das Netzwerk nimmt sich vor diesem Hintergrund explizit die „Förderung des Nachwuchses [sowie die] Planung des Generationenwechsels" (GENS 2017, 6) vor. Schönig und Motzkes Begriff der Auflösung ist also nicht im Sinne eines Endes für SPIN DGVB e.V. zu verstehen. Vielmehr scheint er insofern treffend, als dass zwangsläufig Veränderung eintritt. Hierzu müssen wiederum Erfolgsentscheidungen getroffen werden, die verschiedene Zukunftsszenarien einleiten könnten. Welche Form und Struktur soll die zukünftige VHT-Gesellschaft annehmen? Kommt das jetzige, ehrenamtliche Netzwerk vor dem Hintergrund seiner Ziele womöglich eines Tages an seine Grenzen? Sollte VHT zur DGSF-zertifizierten Methode werden und gemeinsam mit Marte Meo unter der Überschrift ‚Videobasierte, systemische Beratung' auftreten, um sein ‚Standing' auszubauen und Ausbildungskandidat*innen zu sichern? Sollte das Netzwerk um Schlüsselpersonen im Hochschulkontext erweitert werden, um für Veröffentlichungen zu sorgen? Braucht es eine „Gallionsfigur" (GENS 2021)? Viele Strategien zum Fortbestand und Wachstum des VHTs und seines Netzwerks werden von den Akteur*innen augenscheinlich früh angedacht, diskutiert und ins Rollen gebracht.

Abbildung 3 stellt abschließend Schönig und Motzkes Kurve der „Netzwerkphasen und ihr Beitrag zur Identitätsbildung" (SCHÖNIG; MOTZKE 2016, 113) dar und setzt die Geschichte des deutschen Netzwerks damit in Beziehung.

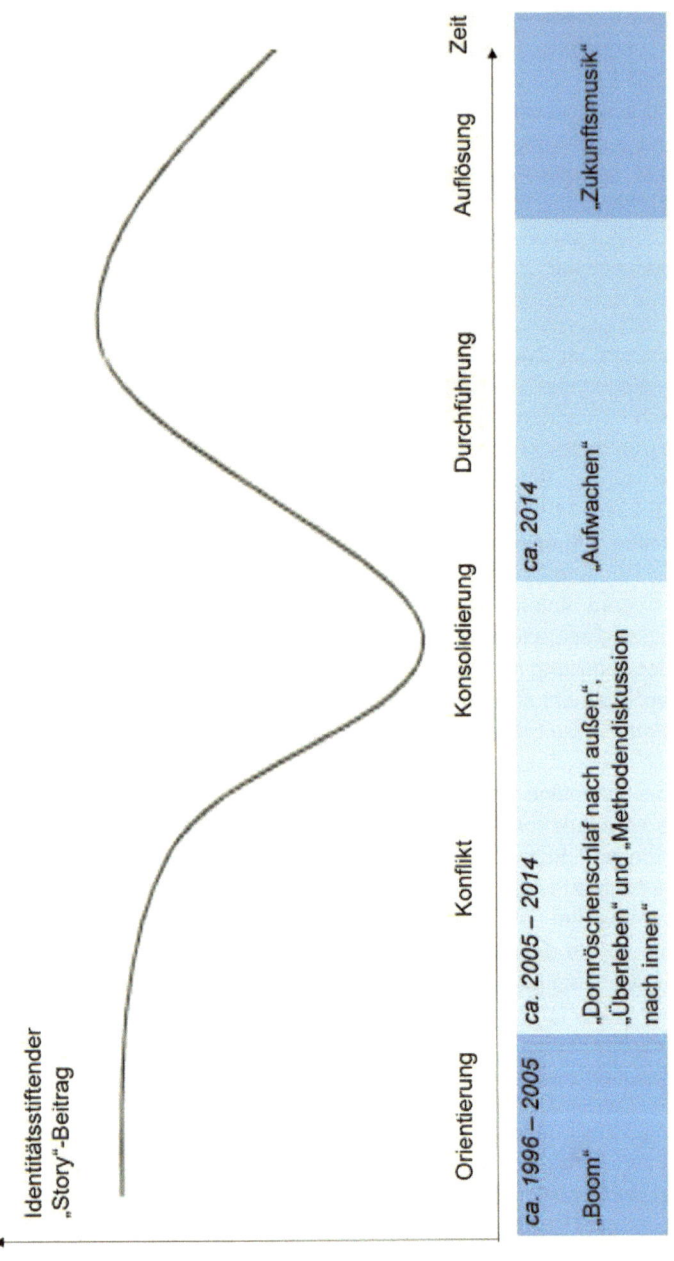

Abbildung 3: Netzwerkphasen und ihr identitätsstiftender Beitrag zur Story im SPIN DGVB e.V. Kontext (eigene Darstellung, angelehnt an SCHÖNIG und MOTZKE 2016, 113)

Es ist davon auszugehen, dass andere VHT-Zentren in ihrer Gründung und Einschätzung womöglich auf ganz andere Geschichten und Eindrücke zurückblicken. Die Formulierung eines gemeinsamen Zeitstrahls, welcher jene Färbungen inkludiert und das ‚Drama' im Sinne von Schönig und Motzke als identitätsstiftend und stärkend wertschätzt, würde die ‚Story' für die Zukunft sichern. Den Zusammenhängen zwischen jener Identität und dem Selbstbewusstsein von VHT und seinen Professionals wird sich im Verlauf des Kapitels 4.2 und 5 angenähert.

4.2 Inhaltliche Befragung

Nachdem der erste Teil der Netzwerkerkundung ‚in die Tiefe' nun überwiegend mit persönlichen Erinnerungen von Hannelore Gens lebendig wurde, sollen in einem zweiten Schritt nun wieder weitere VHT-Professionals in ihren Einschätzungen wahrgenommen werden. Als Pendant zu den Netzwerkkarten, ist zu diesem Zweck ein freiwillig zu bearbeitender Online-Fragebogen mit fünf inhaltlichen Fragen entwickelt worden, auf den schon an anderen Stellen im Text Bezug genommen wurde. Während die vorangegangene Darstellung verstärkt die Geschichte des bundesweiten Netzwerks von VHT in den Blick nimmt, handelt es sich bei den neun Befragten um Mitglieder des Landesverbandes SPIN Baden-Württemberg e.V. Die Ergebnisse weisen deshalb wiederum womöglich eine „landesspezifische" Färbung auf, die im Rahmen der vorliegenden Arbeit aufgrund fehlender bundesweiter Vergleichswerte unentdeckt bleibt. Eine detaillierte Darstellung des induktiven Vorgehens sowie der gesamten Befragungsergebnisse ist aus rahmenbedingten Gründen nicht möglich. Im Anhang befindet sich dennoch die Kodierungs- und Kategorienliste und auch die gestellten Fragen in ihrer Reihenfolge. Während Kapitel 5 sich der Fragestellung des professionellen Selbstbewusstseins durch Vernetzung widmet, fließen in die folgende Ergebnisdarstellung überwiegend die zusammenfassenden Kategorien ‚Nutzen' und ‚Bedarfe' im Kontext des Netzwerks, zu denen die Befragten unter den Fragen 1, 3 und 4 Aussagen trafen.

Die VHT-Professionals nehmen durch das Netzwerk verschiedene Erfolge, Nutzen und Vorteile wahr. Sie benennen positive Auswirkungen, die zunächst unter dem Netzwerkbegriff „Starke Beziehungen" (AVENARIUS 2010, 105f.) oder auch unter emotionaler Verbundenheit gesammelt werden können. Sie beschreiben „Zusammenhalt", „nähere persönliche Bezüge", „sich zugehörig und verbunden fühlen", „persönliche[.] Kontakt[e], [...] die teilweise zu privaten Kontakten geworden [sind]" (BALZER 2021, 3). Die Zusammenarbeit mache „viel Spaß und Freude" und sorge für „das Erleben, [sich] ernstgenommen und wertgeschätzt zu fühlen" sowie „Freude[,] mit Menschen, die [man] immer besser kennenlern[t], [...] persönlich gut in Kontakt zu sein" (BALZER 2021, 3). Hierzu passen auch die Einschätzungen, die unter dem Code ‚Charaktereigenschaften' zusammengefasst sind. Die VHT-Professionals betiteln ihr Netzwerk als „sehr wohlwollende, bunte, strukturierte, engagierte, konstruktive berufliche Gruppe mit positivem Blick" oder auch als „eine sehr offene, zugewandte und kooperative Gemeinschaft, die ihr Wissen und Erfahrungen gern miteinander teilt". Sie schreiben der Gruppe einen „sehr herzliche[n] und freundliche[n] Umgang" zu sowie „viel Wertschätzung und Offenheit" (BALZER 2021, 1,3). Weiterhin scheinen die unter dem Code Resonanz oder Austausch gebündelten Vorteile der Vernetzung für die VHT-Professionals entscheidend zu sein. Alle Befragten benennen den Nutzen „Austausch" – im Sinne von „Erfahrungsaustausch", „fachlicher Austausch", „zur Qualitätssicherung", „kollegiale Beratung", „Ansprechpartner[*in]", „Anerkennung, Selbstwirksamkeit erfahren", „Psychohygiene" und „Feedback […] bekommen" (BALZER 2021, 1,3). Schwierig hiervon abzugrenzen, aber dennoch ein weiterer Fokus, stellt der Code ‚Anregung' dar. Hierunter sind die Aussagen zu verstehen, die den Aspekt von Entwicklung und „Neuem" im Austausch beleuchten, wie unter anderem „neue Inputs und Ideen", „Infos, Neuerungen, Ideen [abgreifen]", „Ideen zur weiteren Implementierung", „neue Methoden", „andere Sichtweisen", „gegenseitig[es] Inspirieren", „gemeinsames Lernen", „Weiterentwicklung von VHT", „gemeinsam neue Konzepte entwickeln" und „am Ball bleiben" (BALZER 2021, 1,3).

Ergänzend zu diesen positiv bewerteten Aspekten des Netzwerks, werden auch Ideen sowie Bedarfe dazu formuliert. Mit ‚Knotenabhängigkeit' könnte unter anderem folgende Sorge beschrieben werden: „dass die gut funktionierenden Netzwerke sehr stark an […] einzelnen Personen hängen, die diese füllen und deshalb möglicherweise auch schnell wegbrechen [und] Löcher entstehen lassen" (BALZER 2021, 4). Gerade die internationale Vernetzung ist beispielsweise von einzelnen Knotenpunkten abhängig, handelt es sich zurzeit um schwache Beziehungen, die von einzelnen VHT-Professionals über die Grenze Deutschlands hinweg gepflegt werden (GENS 2021). Eine Abhängigkeit kann darüber hinaus in der „Übernahme der niederländischen Einrichtungsorientierung" (GENS 2021) gesehen werden. Diese Ausrichtung und Stützung auf starke Einrichtungen, um die herum VHT-Ballungszentren entstehen, orientiert sich an der holländischen Stiftungsstruktur, welche allerdings auf andere Finanzierung zur Implementierung zurückgreifen kann. Wie organisieren sich in der gemeinnützigen, ehrenamtlichen Netzwerklandschaft die Teile des Landes, welche sich nicht unmittelbar auf eine Institution stützen können? Dies leitet über in die von den Befragten eingebrachten Aspekte, die unter den Code ‚Herausfallende' gefasst sind. VHT-Professionals stellen sich die Frage, was mit denen passiert, die nicht aktiv beteiligt sind. „Fallen diese aus dem Raster und arbeiten ‚alleine'? […] Hier könnte man noch ausbauen, um ‚alle' im Blick zu haben, die mit VHT arbeiten" (BALZER 2021, 4). Auch Entfernte im Blick zu haben, könnte für entfernte VHT-Professionals gelten, umso mehr aber auch für Potenziale im Sinne von bisher unerreichten oder schwach VHT-besiedelten Gegenden. Dieser Gedanke paart sich mit den bestehenden Wünschen der VHT-Professionals, die unter dem Code ‚Implementierung' zusammenlaufen. VHT solle mehr Bedeutung und Bekanntheit gewinnen, durch noch mehr Werbung; es soll „Gegenstand von Forschung und Weiterentwicklung" (BALZER 2021, 4) werden. In diesem Kontext solle nicht zuletzt verstärkt Vernetzung mit „Hochschulen und Fachschulen", „weiteren […] Anwendungsfelder[n] und „Trägern" betrieben werden. „Wissenschaftliche Untersuchungen, Projektförderungen, VHT-Fachbücher [und] Lernvideos" könnten entstehen und zur Verbreitung beitragen. Unterstützend könnten hierzu die Ideen unter dem Code ‚Ressourcenaustausch' sein. Im Netzwerk soll es auch eine Art Materialbörse geben, die Präsentationen, Technik oder freigegebenes Filmmaterial beinhalten (BALZER 2021, 4). Besonders zahlreich vertreten ist unter den VHT-Professionals die Auffassung, dass die ‚Digitalisierung' besondere Chancen für das Netzwerk bietet und aktiv gestaltet werden sollte. Denn „digitale Austauschformen (Zoom, Padlet) erreichen mehr Mitglieder, weil das Teilnehmen flexibler ist" (BALZER 2021, 4). Die „Digitalisierungsbewegung aktiv mitanpacken, Referent[*innen] aus Medienpädagogik [nutzen] für Anregungen zu Programmen [und] Tools" (BALZER 2021, 5) rät ein VHT-Professional. Impulse zu Veränderungen gibt es zusammengefasst unter dem Code ‚Umgestaltung'. Neben der Verjüngung des Netzwerks, besteht auch die Idee, zu bestimmten Projekten Themenpat*innen oder Arbeitsgruppen zeitweise zu installieren, „um das Engagement auf eine breitere Basis zu stellen" (BALZER 2021, 4). Überleitend zum nächsten Thema soll abschließend der Code ‚Kampf' aufgeführt werden. Befragte nehmen Bezug auf die Herausgefallenden, wenn sie die Gefahr nennen, dass VHT für manche Professionals „im Sand verläuft", besonders dann, wenn Zeitfenster zu knapp seien und Arbeitgebende zur Vernetzung keine Ressourcen zur Verfügung stellen. Dieser „Kampf bei[m] Träger […] nimmt die Motivation der VHT-Kolleg[*innen]" (BALZER 2021, 4).

5 Einfluss auf das professionelle Selbstbewusstsein

Knoll benennt eine Falle im Kontext professionellen Selbstbewusstseins: „Die besondere Schwäche [von Sozialarbeiter*innen] liegt darin, dass es ihnen sehr schwerfällt, Außenstehenden […] ihre speziellen Stärken und Kompetenzen zu erläutern." (KNOLL 2010, 13). Die sich ständig erweiternden Präsentationsflächen der SPIN DGVB e.V. machen klar, dass VHT in diese Falle nicht tritt, es weiß sich seit seines Aufwachsens 2014 sehr wohl zu verkaufen. Der Blick auf die prägnante Charakteristik (Kapitel 2.1) und die ‚Story' (Kapitel 4.1) der Methode VHT macht weiterhin deutlich: Es handelt sich ebenso wenig um eine Frage „rastloser Identitätssuche" (STAUB-BERNASCONI 1995, 66), die Staub-Bernasconi der Sozialen Arbeit als Profession diagnostiziert. Die VHT-Professionals wissen, wer sie sind. Inhaltlich ist VHT so selbstsicher und mutig, dass eher danach gefragt werden müsste, welches Anwendungsfeld es sich nicht zutraut. Der Methode das Aschenputtel-Merkmal zuzuschreiben, das in der Professionsdebatte um die Soziale Arbeit von Stövesand wieder aufgegriffen wird (STÖVESAND 2015 nach KLÖCK; BITZAN 1993, 32), ist also zu kurzgefasst. Nach diesen zwei zur Reflexion anregenden Impulsen, soll dieser diagnostische Blick nun einem lösungsorientierten weichen. Als Ausgangspunkt für weitere Überlegungen, wird im Folgenden die Befragung der VHT-Professionals zu diesem Thema in den Blick gerückt.

Ein erster Zusammenhang von Vernetzung und professionellem Selbstbewusstsein lässt sich – etwas abstrakter – mit dem Code ‚Habitus' betiteln. Zum Verständnis ist hier ein kurzer Theorieexkurs vonnöten: Der professionelle Habitus, als Teil des Gesamthabitus von Personen, ist ein „System von Dispositionen, das als Wahrnehmungs- Denk- und Handlungsmatrix fungiert" (SEUBERT 2009, 164). Die ausgebildeten Haltungen geben „in krisen- und konflikthaften Situationen wirksam Orientierung und Halt" (BECKER-LENZ 2012, 10), was gerade in der Sozialen Arbeit zentral ist. Der professionelle Habitus kann sich dabei nur in Wechselwirkung innerhalb eines sozialen Feldes entwickeln (EBERT 2010, 201). Dass das soziale Feld des VHTs, also das VHT-Netzwerk, mit dem professionellen Habitus zu tun hat, mit dessen Entwicklung, Stärkung oder Schärfung, benennen die VHT-Professionals unter anderem hiermit: „[Die] methodische Diskussion [und] Auseinandersetzung über Fragen der pädagogischen Haltung unterstützt meine berufliche Identität" (BALZER 2021, 5). Die Vernetzung ermöglicht die „eigene Arbeit [zu] hinterfragen und [zu] erweitern" (BALZER 2021, 5). Sie fördert, „den eigenen Blick und die Haltung [gegenüber Gelingendem] immer weiter zu verfeinern […] und die ressourcenorientierte Haltung für das professionelle und das persönliche Er-Leben weiter[zu]entwickeln" (BALZER 2021, 5). Der zweite Code, die Dimension ‚Stärke', betitelt die zahlreichen Aussagen darüber, dass ein VHT-Professional als Individuum Stärkung durch die Gruppe erfährt. Sie formulieren, sich durch die Vernetzung „bestärkt", „gestärkt und verbunden", „motiviert" (BALZER 2021, 5) zu fühlen. In diesem Zusammenhang scheinen auch Aspekte der starken Beziehung eine Rolle zu spielen, so benennen sie erneut „[der] Zusammenhalt stärkt und bringt mich voran" und berichten weiterhin von „hohe[r] Identifikation mit der VHT-Community", „Support" und eben „Stärkung" (BALZER 2021, 5). Schwer vom Code Stärke zu trennen sind die Termini, die mit dem Code ‚Gewicht' überschrieben werden. Die zugeordneten Formulierungen blenden nämlich noch eine weitere Ebene von Stärke ein, die bereits als politisch eingeordnet werden kann. „Gemeinsam schaffen wir das!", „[…] im Rudel zu agieren, bringt immer mehr", „Gemeinsam sind wir stark" und „VHT gemeinsam eine Stimme geben" (BALZER 2021, 5) benennen VHT-Professionals. Einleuchtend: Je vernetzter und organisierter VHT vertreten ist, desto mehr Gewicht im

Fachdiskurs; desto lauter seine Stimme im Kanon weiterer Methoden der Sozialen Arbeit; desto mehr Kraft im Kampf um Ressourcen und festen Platz für VHT am Arbeitsplatz. Ein Zusammenhang, der an die Kampfthematik des letzten Kapitels erinnert und nicht zuletzt an Stövesands Gedanken zu „Konflikt – Macht [und] Politik" (STÖVESAND 2015, 32) im Rahmen der Professionsdebatte um die Soziale Arbeit. Im Kontext Konfliktfähigkeit, also im Sinne des Lauterwerdens, plädiert sie nicht zuletzt für „Bündnisse und Vernetzungen, gedacht als kollektives Empowerment" (STÖVESAND 2015, 43). Und sie verweist auf Staub-Bernasconi, die dazu aufruft, das soziale Kapital des Netzwerks als Quelle des Gewichts – in ihren Worten: – als ‚Machtquelle' zu nutzen (STÖVESAND 2015, 37). Die Erfahrungen der Befragten sowie die professionspolitischen Gedanken liegen offensichtlich nah beieinander und schwingen sich vorliegend zu dem gemeinsamen Konsens ein: Das professionelle Selbstbewusstsein des VHTs nährt sich über verschiedene Dimensionen von seinem Netzwerk.

6 Fazit

Mit diesem Ergebnis, dass Vernetzung das professionelle Selbstbewusstsein stärkt, soll die vorliegende Arbeit nun beendet werden. Da bereits im Verlauf der Arbeit immer wieder Ausblicke festgehalten wurden, beschränkt sich dieses Fazit auf Schlussgedanken.

Der vorliegende Text arbeitete sich durch verschiedenste Begrifflichkeiten, Instrumente und Gedanken der Netzwerkorientierung. Sie glich selbstkritisch ab, ob die Netzwerkschablone auf den VHT-Kontext passt und ordnete die Methode in das Vokabular der Netzwerkorientierung ein. Die Erkundung ,in die Breite' offenbarte, dass sich das VHT-Netzwerk mit den Analysebegriffen beschreiben lässt, während die Untersuchung von Netzwerkkarten Impulse zu weiterer Reflexion und Forschung anregte. Mit ,Story' gefüllt wurde die Netzwerkerkundung durch die Befragung von Hannelore Gens, welche die Netzwerkgeschichte des VHTs strukturierte. Der Charakter des Netzwerks wurde überdies hinaus auch durch die baden-württembergischen VHT-Professionals greifbar, welche viele wichtige Gedanken teilten.

Diesen Einblick ermöglichte die Netzwerkperspektive: Es könnte also festgehalten werden, dass es sich gelohnt hat, sich auf den ,Hype' (FISCHER; KOSELLEK 2019, 12) um die Netzwerkorientierung einzulassen, da sie das VHT-Netz mit Impulsen und Reflexionsmöglichkeiten hinterlässt. Der Blick auf das Netzwerk und seiner Akteur*innen hinterlässt einen unterdessen ebenso wie die VHT-Methode an sich „beseelt" (GENS 2021).

Das abschließende Zitat von einem VHT-Professional ist nun voll mit Bedeutung gefüllt und klingt nach den Wegen, die diese Arbeit gegangen ist, so gar nicht mehr banal:

„Gemeinsam sind wir stark." (BALZER 2021, 5)

7 Literaturverzeichnis

ALBRECHT, Steffen, 2010. Knoten im Netzwerk. In: STEGBAUER, Christian; HÄUß-LING, Roger, Hrsg. 2010. Handbuch Netzwerkorientierung. O.O: VS Verlag für Sozialwissenschaften.

AVENARIUS, Christine B., 2010. Starke und Schwache Beziehungen. In: STEGBAUER, Christian; HÄUßLING, Roger, Hrsg. 2010. Handbuch Netzwerkorientierung. O.O: VS Verlag für Sozialwissenschaften.

BALZER, Felizitas, 2021. VHT-Netzwerkerkundung. Umfrage-Ergebnisse. Lamapoll-Fragebogen [Online-Quelle]. [Zugriff am 27.03.2021]. Verfügbar mit Kenndaten der Initiatorin unter: www.app.lamapoll.de/#/polls/202620/results/questions.

BECKER-LENZ, Roland; BUSSE, Stefan; EHLERT, Gudrun; MÜLLER-HERMANN, Silke, 2012. Einleitung. Wissen, Kompetenz, Habitus und Identität als Element von Professionalität im Studium Sozialer Arbeit. In: BECKER-LENZ; Roland; BUSSE, Stefan; EHLERT, Gudrun; MÜLLER-HERMANN, Silke, Hrsg. 2012. Professionalität in der Sozialen Arbeit. Standpunkte, Kontroversen, Perspektiven. Wiesbaden: VS Verlag für Sozialwissenschaften, 3. Auflage.

BRÜMMER, Marita; TER HORST, Klaus, 2009. Video-Interaktions-Diagnostik: „...Ein Bild sagt mehr als viele Worte...". In: GOLTSCHE, Irene, Hrsg. 2009. Anwendungsbereiche des Video-Home-Training VHT. Geglücktes im Blick. Bad Heilbrunn: Verlag Julius Klinkhardt.

EBERT, Jürgen, 2010. Professioneller Habitus. In: WILKEN, Udo; THOLE, Werner, Hrsg. 2010. Kulturen Sozialer Arbeit. Profession und Disziplin im gesellschaftlichen Wandel. Wiesbaden: VS Verlag für Sozialwissenschaften.

FISCHER, Jörg; KOSELLEK, Tobias, 2019. Netzwerkorientierung in der Sozialen Arbeit – eine Einleitung. In: FISCHER, Jörg; KOSELLEK, Tobias, Hrsg. 2019. Netzwerke und Soziale Arbeit. Theorien, Methoden, Anwendungen. Weinheim, Basel: Beltz Juventa.

FIUNG, Toni, 2020. Bilder führen in die Tiefe und helfen, Beziehungen lebendig zu gestalten. Workshop-Ausschreibung. SPIN-Bundesfachtagung. Bindung leben. Stuttgart, 06.-07. März 2020. Stuttgart: SPIN DGVB e.V.

GAIDA, Detlef H., 2016. VHT-Arbeit im Lesen-Rechtschreib-Förderprogramm. In: GOLTSCHE, Irene, Hrsg. 2016: Kursbuch. Interaktion im Blick. Video-Home-Training (VHT). Miesbach: DWRO-consult gGmbH.

GENS, Hannelore, 2016. Feed Forward und Feed Back – Das Ziel ist der Weg. Bildauswahl, Bildschnitt und Rückschaumethodik. In: GOLTSCHE, Irene, Hrsg. 2016: Kursbuch. Interaktion im Blick. Video-Home-Training (VHT). Miesbach: DWRO-consult gGmbH.

GENS, Hannelore, 2017. „Wie wir wurden was wir sind" – 20 Jahre SPIN Deutschland e.V. Chronik der erfolgreichen Implementation des VHT in Deutschland. O.O: o.V.

GENS, Hannelore, 2021. Persönliches Interview [Zoom-Meeting]. o.O, 26.03.2021.

GOLTSCHE, Irene/RÖSSEL, Christine, 2009. Herzliche willkommen bei VHT – eine Einleitung. In: GOLTSCHE, Irene, Hrsg. 2009. Anwendungsbereiche des Video-Home-Training VHT. Geglücktes im Blick. Bad Heilbrunn: Verlag Julius Klinkhardt.

HAAS, Jessica; MALANG, Thomas, 2010. Beziehungen und Kanten. In: STEGBAUER, Christian; HÄUßLING, Roger, Hrsg., 2010. Handbuch Netzwerkorientierung. O.O: VS Verlag für Sozialwissenschaften.

KNOLL, Andreas, 2010. Professionelle Soziale Arbeit. Professionstheorie zur Einführung und Auffrischung. Freiburg im Breisgau: Lambertus Verlag, 3. Auflage.

KOCH, Bettina, 2009. Gute Kommunikation – besseres Lernen. Wie gelungene Kommunikation Lernen fördert und was Video-School-Training dazu beiträgt. In: GOLTSCHE, Irene, Hrsg. 2009. Anwendungsbereiche des Video-Home-Training VHT. Geglücktes im Blick. Bad Heilbrunn: Verlag Julius Klinkhardt.

MAY, Michael, 2019. Netzwerktheorien in der Sozialen Arbeit. In: FISCHER, Jörg; KOSELLEK, Tobias, Hrsg. 2019. Netzwerke und Soziale Arbeit. Theorien, Methoden, Anwendungen. Weinheim, Basel: Beltz Juventa.

PALA, Anja, 2018. Ein Bild sagt mehr als 1000 Worte. Skript zum Basiskurs. Stuttgart: o.V.

RÄDER, Helga, 1999. Der fachliche Grundkonsens der Entwicklungen des Video-Home-Training. In: KREUZER, Max; RÄDER, Helga, Hrsg. 1999. Video-Home-Training. Kommunikation im pädagogischen Alltag. Eine erprobte Methode (nicht nur) in der Familienhilfe. Mönchengladbach: Hochschule Niederrhein, 2. erweiterte Auflage.

SANNE, Matthias, 2009. Video-School-Training (VST) – Kompetenz- und Bewerbungstraining für Jugendliche. In: GOLTSCHE, Irene, Hrsg. 2009. Anwendungsbereiche des Video-Home-Training VHT. Geglücktes im Blick. Bad Heilbrunn: Verlag Julius Klinkhardt.

SCHEIDEGGER, Nicoline, 2010. Strukturelle Löcher. In: STEGBAUER, Christian; HÄUßLING, Roger, Hrsg. 2010. Handbuch Netzwerkorientierung. O.O: VS Verlag für Sozialwissenschaften.

SCHEPERS, Guy; KÖNIG, Claudia, 2000. Video-Home-Training. Eine neue Methode der Familienhilfe. Weinheim, Basel: Beltz Verlag.

SCHÖNIG, Werner; MOTZKE, Katharina, 2016. Netzwerkorientierung in der Sozialen Arbeit. Stuttgart: Verlag W. Kohlhammer.

SEUBERT, Sandra, 2009. Das Konzept des Sozialkapitals. Eine demokratietheoretische Analyse. Frankfurt, New York: Campus Verlag.

STAUB-BERNASCONI, Silvia, 1995. Das fachliche Selbstverständnis Sozialer Arbeit. Wege aus der Bescheidenheit. Soziale Arbeit als Human Rights Profession. In: WENDT, Wolf Rainer, Hrsg. 1995: Soziale Arbeit im Wandel ihres Selbstverständnisses. Beruf und Identität. Freiburg im Breisgau: Lambertus-Verlag.

STIMMER, Franz, 2012. Grundlagen des Methodischen Handelns in der Sozialen Arbeit. Stuttgart: Verlag W. Kohlhammer, 3. Auflage.

STÖVESAND, Sabine, 2015. Konflikt – Macht – Politik. In: STÖVESAND, Sabine; RÖH, Dieter, Hrsg. 2015. Konflikte – theoretische und praktische Herausforderungen für die Soziale Arbeit. Opladen, Berlin, Toronto: Barbara Budrich Verlag.

SPIN DGVB (DACHGESELLSCHAFT FÜR VIDEOBASIERTE BERATUNG) e.V., 2020. Satzung. Stuttgart: o.V.

SPIN DGVB (DACHGESELLSCHAFT FÜR VIDEOBASIERTE BERATUNG) e.V., o.J. Willkommen bei SPIN DGVB [Online-Quelle]. [Zugriff am 26.03.2021]. Verfügbar unter: www.spindeutschland.de.

SPIN DGVB (DEUTSCHE GESELLSCHAFT FÜR VIDEOBASIERTE BERATUNG) e.V.; DER BUNDESVORSTAND, 2021: SPIN-DGVB kommunikativ Januar 2021. Newsletter Nr. 15. Bruckmühl: SPIN DGVB e.V.

8 Tabellen- und Abbildungsverzeichnis

9 Anhänge

9.1 Organigramm

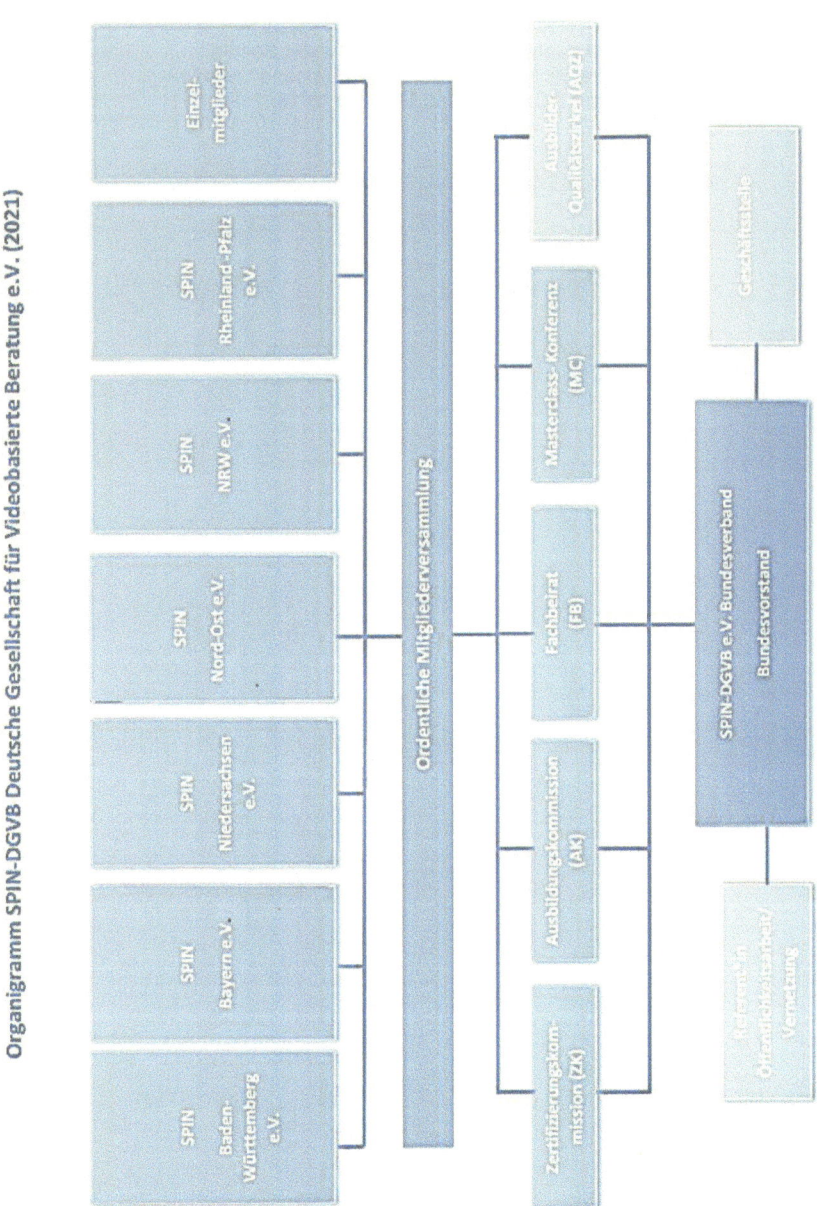

Organigramm SPIN-DGVB Deutsche Gesellschaft für Videobasierte Beratung e.V. (2021)

9.2 Netzwerkkarte

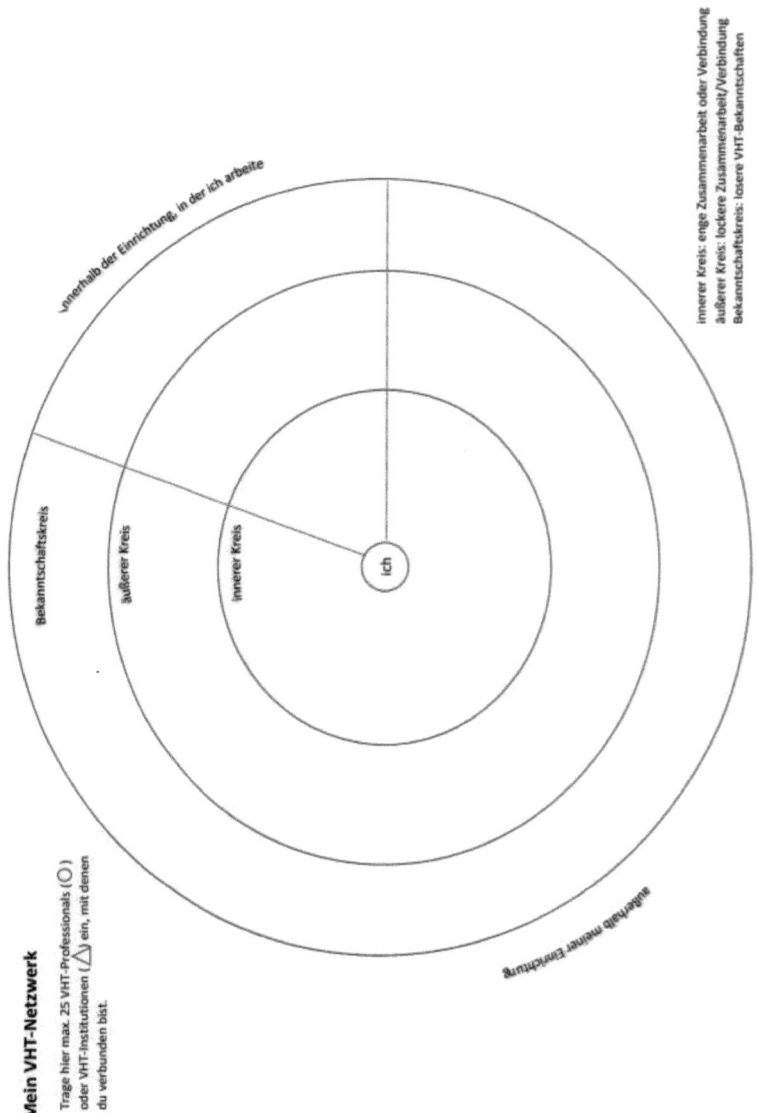

innerer Kreis: enge Zusammenarbeit oder Verbindung
äußerer Kreis: lockere Zusammenarbeit/Verbindung
Bekanntschaftskreis: losere VHT-Bekanntschaften

innerhalb der Einrichtung, in der ich arbeite

Bekanntschaftskreis

äußerer Kreis

innerer Kreis

ich

außerhalb meiner Einrichtung

Mein VHT-Netzwerk

Trage hier max. 25 VHT-Professionals (○)
oder VHT-Institutionen (△) ein, mit denen
du verbunden bist.

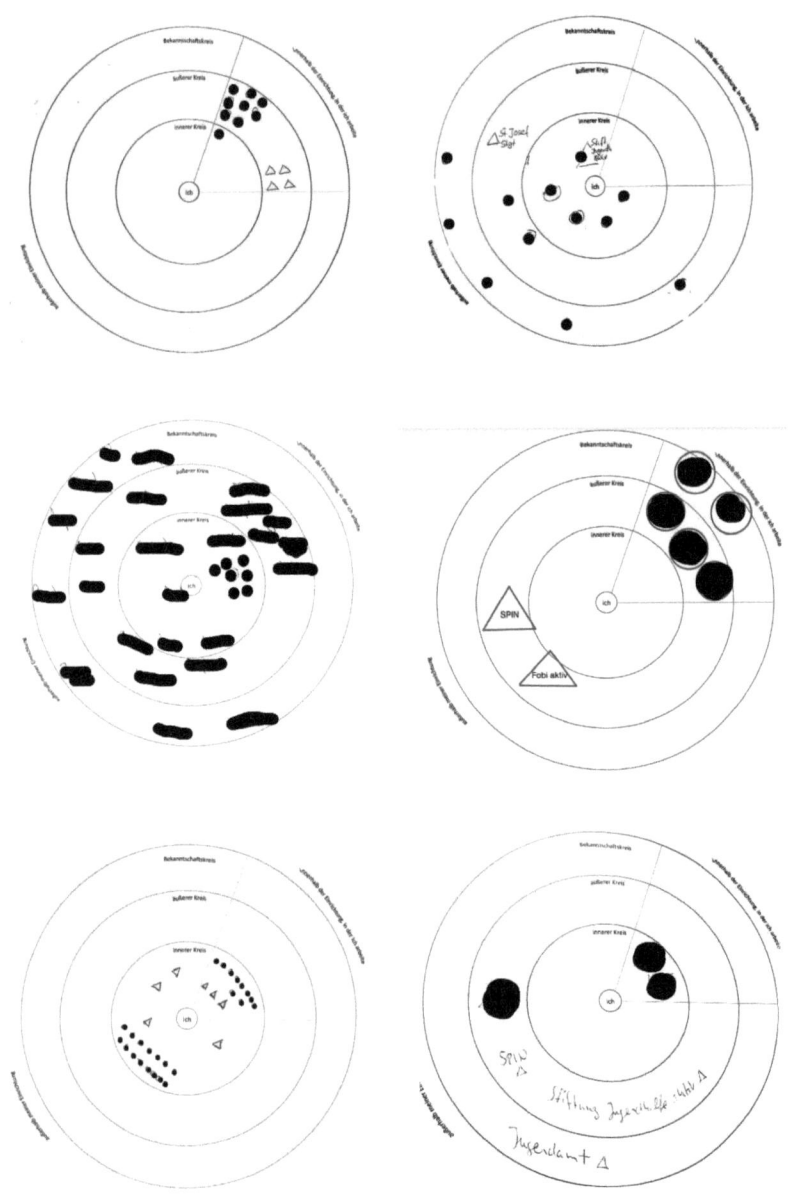

9.4 Kodierungs- und Kategorisierungstabelle

Unterforschungsfragen:
1) Wie erlebst Du die Vernetzung von VHT-Professionals?
2) Welche Vernetzungsinstrumente gibt es und welche nutzt Du?
3) Welche Erfolge, Vorteile und welchen Nutzen nimmst Du durch das Netzwerk wahr?
4) Welche Bedarfe siehst Du und welche Entwicklungen würdest Du begrüßen?
5) Wie wirkt sich die Vernetzung auf dein professionelles Selbstverständnis und Selbstbewusstsein als VHT-Professional aus?

Kategorie 1: Nutzen	Kategorie 2: Bedarfe	Kategorie 3: Selbstbewusstsein
Codes:	*Codes:*	*Codes:*
Starke Beziehungen	Implementierung	Habitus
Charaktereigenschaften	Umgestaltung	Gewicht
Resonanz	Knotenabhängigkeit	Stärke
Anregung	Herausfallende	
Vernetzungsinstrumente	Digitalisierung	
	Ressourcenaustausch	
	Kampf	

BEI GRIN MACHT SICH IHR WISSEN BEZAHLT

- Wir veröffentlichen Ihre Hausarbeit, Bachelor- und Masterarbeit

- Ihr eigenes eBook und Buch - weltweit in allen wichtigen Shops

- Verdienen Sie an jedem Verkauf

Jetzt bei www.GRIN.com hochladen und kostenlos publizieren